Eckhart Tolle
エックハルト・トール

Yamakawa Koya,akiko
［訳］山川紘矢＋亜希子

パワーオブナウ
魂が目覚める日々の言葉

徳間書店

When you are on a journey, it is certainly helpful to know
where you are going…but don't forget: the only thing that
is ultimately real about your journey is
the step that you are taking at this moment.

旅に出たとき、自分がどこに行こうとしているのか
知っていることは、確かに役に立ちます。
……でも忘れないでください。
そこにある唯一のものは、
実は、あなたが今この瞬間に踏み出している
その一歩だけなのです。

あなたの内なる旅は、一歩だけしかありません。
それはあなたが今歩いているその一歩です。

Your inner journey only has one step:
the step you are taking right now.

今にいなさい。意識的でありなさい。
自らの内なるスペースを
常に見守る後見人でありなさい。

Stay present, stay conscious.
Be the ever-alert guardian
of your inner space.

The good news is that you *can* free yourself from your mind.

This is the only true liberation.

You can take the first step right now.

良い知らせは、あなたは自分をマインドから

解放できるということです。

これが唯一、真の解放です。

あなたは今すぐ、その一歩を踏み出せます。

今だけがあなたを過去から解放することができます。
時間が沢山あれば、
あなたが時間から解放されるわけではありません。

Only the present can free you of the past.

More time cannot free you of time.

今が持つパワーにつながりなさい。

それがカギなのです。

Access the power of Now. That is the key.

怖くて行動できないのですか？

その怖れを認めて、それを観察してください。

Is fear preventing you from taking action?

Acknowledge the fear, watch it,

怖れに注意を向けてください。

その怖れと全面的に一緒にいなさい。

そうしていると、

怖れとあなたの思考をつなげている鎖が

遮断されます。

take your attention into it, be fully present with it.

Doing so cuts the link between the fear and your thinking.

私は人の意識の深遠な変容について話しています。

それも遠い未来の可能性ではなく、

今、すぐ得られるものとしてです。

さらに、あなたが誰であっても、

あなたがどこにいたとしても、それは可能なのです。

I speak of a profound transformation of human
consciousness — not as a distant future possibility,
but available now — no matter who or where you are.

しばらくの間、あなたは意識と無意識の間、
今ここにいる状態と、思考に支配された
マインド状態の間を行ったりきたりします。

You shift back and forth for a while between consciousness
and unconsciousness, between the state of presence
and the state of mind identification.

あなたは今にいなかったり、
今に戻ったりを、何度も繰り返します。
そして、最終的には、
いつでも今ここにいられるようになります。

You lose the Now, and you return to it, again and again.
Eventually, presence becomes your predominant state.

あなたの呼吸のリズムを観察しなさい。

空気が出たり入ったりするのを感じなさい。

身体の中の命のエネルギーを感じなさい。

身体の中と外、すべてをそのまま許し、認めなさい。

Observe the rhythm of your breathing; feel the air
flowing in and out, feel the life energy inside your body.
Allow everything to be, within and without.

すべての存在を
「そのまま、ありのまま」に許しましょう。
今ここの中に深く入ってください。

Allow the "isness" of all things. *Move deeply into the Now.*

すべてに対し

そのままでいることを許すスペースに気づきなさい。

音に耳を澄ませなさい。

何も判断してはなりません。

Be aware of the space that allows everything to be.

Listen to the sounds; don't judge them.

音の奥底にある沈黙に耳を澄ませなさい。
何かにさわり――何でもよい――それを感じ、
その**存在**を認めなさい。

Listen to the silence underneath the sounds. Touch something — anything — and feel and acknowledge its Being.

思考を観察し始めた瞬間、
高いレベルの意識が活動し始めます。
すると、あなたは思考を超えた
大きな知性の領域に気づき始めます。

The moment you start *watching the thinker,* a higher level of
consciousness becomes activated. You then begin to
realize that there is a vast realm of intelligence beyond thought....

そしてまた、本当に大切なことのすべて──
美、愛、創造性、喜び、内なる平和──が
マインドを超えて湧き上がってくることに気づきます。
そして、**あなたは目覚め始めます。**

You also realize that all the things that truly matter — beauty, love,
creativity, joy, inner peace — arise from beyond the mind.
You begin to awaken.

Attention is the key to transformation — and full attention also implies acceptance. Attention is like a beam of light — the focused power of your consciousness that *transmutes everything into itself.*

注意を向けることが変容のカギです――
しかも完全に注意を向けることは受容を意味します。
注意とは光線のようなものです――
あなたの集中した意識の力が、
すべてのものをそれ自身へと変容させるのです。

人生に全く抵抗しないことは、
恩寵、平和、光の状態の中にいることです。
この状態では、物事の状況が良くても悪くても、
もはやその影響を受けることはありません。

To offer no resistance to life is to be in a state of grace, ease, and lightness. This state is then no longer dependent upon things being in a certain way, good or bad.

あなたが心の奥底ですでに知っている
スピリチュアルな真理を、
私はあなたに教えることはできません。
私にできるのは、あなたが忘れていたことを
あなたに思い出させることだけです。

I cannot tell you any spiritual truth
that deep within you don't know already.
All I can do is *remind you of what you have forgotten.*

マインドの支配する奴隷状態から
自分を自由にして意識の覚醒状態に入り、
それを日常生活の中で維持する方法を
あなたは学んでいるのです。

You are shown how to free yourself from enslavement
to the mind, enter into this enlightened
state of consciousness and sustain it in everyday life.

「さとり」(enlightenment)という言葉は、
何か超人的なすごい仕事のことを意味している
かのように思われています。
そして、
エゴはそのようにしておきたいと望んでいます。
しかし、「さとり」とは単に存在とのワンネスを
感じているというあなたの自然な状態なのです。

The word "enlightenment" conjures up the idea of some super-human accomplishment, and the ego likes to keep it that way, but it is simply your natural state of *felt* oneness with Being.

今という瞬間が解放のカギです。

しかし、あなたがマインドと一体化している限り、

あなたは今という瞬間を見つけることはできません。

The present moment holds the key to liberation. But you cannot find the present moment as long as you *are* your mind.

許すことによって、変容という奇跡が
自分の中だけでなく、外にも起こります。
許しとは、実は、過去は実質のないものであることを
明確に認め、今の瞬間をあるがままに受け入れる、
ということです。

Through forgiveness, which essentially means recognizing
the insubstantiality of the past and allowing
the present moment to be as it is, the miracle of
transformation happens not only within but also without.

If you suddenly feel very light, clear, and deeply at peace, that is an unmistakable *sign that you have truly surrendered.*

あなたが突然とても軽くなり、すっきりし、
心の深い場所で平和を感じたならば、
それはまぎれもなく、
本当に抵抗をやめて自分を明け渡した
というサインです。

あなたがマインドの流れの中に隙間をつくる毎に、
あなたの意識の光が、より強く輝くようになります。

Every time you create a gap in the stream of mind, the light of *your consciousness grows stronger.*

あなたは世界を汚染していますか?
それとも世界の汚れをきれいにしていますか?
あなたは自分の内なるスペースに責任があります。
他の誰の責任でもありません。
それはまさに、あなたがこの地球に対して
責任があるのと同じことです。

中がそうであれば、外もおなじです。
人間が自分の中の汚れをきれいにすれば、
外にある汚染も収まることでしょう。

Are you polluting the world or cleaning up the mess?
You are responsible for your inner space; nobody else is,
just as you are responsible for the planet.
As within, so without: If humans clear inner pollution,
then they will also cease to create outer pollution.

Non-surrender hardens your psychological form,
the shell of the ego, and so creates
a strong sense of separateness.

自分を明け渡さずにいると、
あなたの心理的な壁と
エゴの殻はさらに固くなり、
強い孤立感を作り出します。

さとりとは思考を超えて上に昇ることを意味します。

思考より下のレベルに落ち込むことではありません。

Enlightenment means rising above thought,

not falling back to a level below thought.

思考を観察する代わりに、
今という瞬間に注意を注ぐことによって、
マインドの流れに隙間を作ることもできます。
今という瞬間を、ただ真剣に意識してください。

Instead of "watching the thinker," you can also create a gap in the mind stream simply by directing the focus of your attention into the Now. Just become *intensely conscious of the present moment.*

どんな感情でも、あなたがそれと共にいると、
すぐに静まってゆき、変容してゆきます。

Any emotion that you take your presence into
will quickly *subside and become transmuted.*

If you find it hard to enter the Now directly,
start by observing the habitual tendency of your mind
to want to escape from the Now.

今という瞬間に

すっと入って行くのがむずかしいのであれば、

今という瞬間から逃げ出そうとするあなたの

マインドの癖を観察することから始めてください。

実は、存在する唯一のパワーは、
この瞬間の中だけにあるのです。
それはあなたが今ここにいることによって
生まれるパワーなのです。

The truth is that the only power there is,
            is contained within this moment:
    It is the power of your presence.

今、あなたがかかえている「問題」は何か、
自分に問いかけてください。
来年ではなく、明日でもなく、5分後でもありません。
今この瞬間、何が問題なのですか？

Ask yourself what "problem" you have right now,
not next year, tomorrow, or five minutes from now.
What is wrong with *this moment*?

あなたの中に何か否定的なものがあることに
気がついた時はいつも、
それを「失敗」だとみなさずに、
大切なサインだと思ってください。
それは
「目を覚ませ。マインドから出なさい。今にいなさい」
と、あなたに呼びかけているのです。

Whenever you notice that some form of negativity has
arisen within you, look on it not as a failure,
but as a helpful signal that is telling you:
"Wake up. Get out of your mind. Be present."

Observe the many ways in which unease, discontent, and
tension arise within you through unnecessary judgment,
resistance to what *is*, and denial of the Now.

不必要な判断、現状への抵抗、
今を否定することによって、
不安や不満や緊張感が
あなたの心の中に起こってくる様子を、
しっかり観察してください。

I was awakened by the chirping of a bird outside the window.
I had never heard such a sound before.

窓の外から聞こえてきた小鳥のさえずりによって、
私は目覚めました。
今まで、こんなに美しい声は
聞いたことがありませんでした。

My eyes were still closed, and I saw the image of a precious diamond. *Yes, if a diamond could make a sound, this is what it would be like.*

私の目はまだ閉じていました。
でも、
すばらしいダイヤモンドのイメージが見えました。
**そうです。もし、ダイヤモンドが声を出せたなら、
まさにこのさえずりのようだったでしょう。**

もしあなたがそれなりに永く生きてきたのであれば、
物事には「うまくいかない」ことがよくあることを
知っているでしょう。
あなたの人生から痛みと悲しみをなくしたければ、
まさにそんな時にこそ、抵抗をやめて
自分を明け渡すことを学ぶ必要があります。

If you have lived long enough, you will know that things "go wrong" quite often. It is precisely at those times that surrender needs to be practiced if you want to *eliminate pain and sorrow from your life.*

今という瞬間にいつも「yes」と言おう。
今あるすべてに自分を明け渡そう。
人生に「yes」と言おう。——
そして、あなたに敵対していた人生が突然、
うまく動き始めるのを見守ろう。

Always say "yes" to the present moment. Surrender to what *is*. Say "yes" to life — and see how life suddenly starts working for you rather than against you.

この世に「沈黙」ほど神に近いものはない、
と言われています。
あなたがしなければならないことは、
それに注意をはらうことだけです。

It has been said that nothing in this world is so like God as silence.
All you have to do is *pay attention to it.*

What is stillness other than presence,

consciousness freed from thought forms?

静寂とは何ですか?

今にいること、つまり**思考から解放された意識**

以外のなにものでもありません。

絶え間ない思考の流れの合間に
一瞬の隙間を作る方法は、いろいろあります。
瞑想とはまさにこのことです。

There are many ways to create a gap in the incessant stream of thought. This is what meditation is all about.

たとえ騒音があろうとも、

その向こう側、

または音の合間には常に静寂があります。

その静寂に耳を傾けると、

あなたの内側に

あっという間に静けさが生まれます。

Even if there is noise, there is always some silence underneath
and in between the sounds. Listening to the silence
immediately creates stillness inside you.

Presence is pure consciousness — consciousness that has been reclaimed from the mind, from the world of form.

「今ここにいる状態」とは純粋意識のことです。

それはマインドから、そして形の世界から、

取り戻された意識です。

この惑星の**人間以外の生き物はみな、**
否定的なことを知りません。
同じように、人間以外のどの生き物も、
自分たちを生かしている地球を
痛めつけたり、汚染したりはしません。

No other life-form on the planet knows negativity, only humans, just as no other life-form violates and poisons the Earth that sustains it.

すべてが比較的うまくいっている普通の時に、
自分の人生により多くの意識を向けることが
とても大切です。
そうすることによって、**あなたは今ここにいることの**
パワーを成長させることができるからです。

It is essential to bring more consciousness into your life
in ordinary situations when everything
is going relatively smoothly. In this way,

you grow in presence power.

共感とは、

あなた自身とすべての生きとし生けるもの

との間にある深いつながりに気づくことです。

Compassion is the awareness of a deep bond
between yourself and all creatures.

錬金術師になりなさい。

鉛を金に、苦しみを意識に、

災難をさとりに変えるのです。

Become an alchemist. Transmute base metal into gold, suffering into consciousness, disaster into enlightenment.

植物や動物を観察しなさい。 そして、
あるがままを受け入れることと、
今に降伏することを彼らから教えてもらいなさい。
彼らから、「存在すること」を学ぶのです。

Watch any plant or animal and let it teach you
> acceptance of what is, surrender to the Now.
>
> Let it teach you Being.

Glimpses of love and joy or brief moments of deep peace are possible whenever a gap occurs in the stream of thought.

思考の流れに隙間ができれば、
必ず愛と喜びを垣間見たり、
深い平和の一瞬を体験したりすることができます。

夜明けの最初の光が
カーテンを通して漏れていました。
いかなる思いも考えもなく、私は感じ、
そして知りました。
私たちが知っている以上に、
光には無限の何ものかがあることを。

The first light of dawn was filtering through the curtains.
Without any thought, I felt, I knew,
that there is infinitely more to light than we realize.

カーテンを通して漏れてくる柔らかいその輝きは
愛そのものでした。

That soft luminosity filtering through the curtains was love itself.

Use your senses fully: Be where you are. Look around — just look, don't interpret. See the light, shapes, colors, textures.
Be aware of the silent presence of each thing.

感覚のすべてを100パーセント使いなさい。

あなたが今いる場所にいなさい。——

そしてただ、まわりを見まわしなさい。——

何も解釈してはいけません。

光と、形と、色と、肌触りを見なさい。

そして、そのひとつひとつが持つ沈黙の存在に

気づきなさい。

いつも自分に問いかけてください。

今、この瞬間、私の中に何が起こっているのだろうか?

その質問があなたに正しい方向を指し示してくれます。

Make it a habit to ask yourself:

What's going on inside me at this moment?

That question will point you in the right direction.

問題はマインドの産物であり、

問題が生き延びるためには時間が必要です。

問題は「今」という現実の中では

生き延びることができません。

あなたの関心を「今」に集中してください。

そして、今この瞬間、どんな問題があるか、

私に話してください。

Problems are mind-made and need time to survive.
They cannot survive in the actuality of the Now.
Focus your attention on the Now and tell me
what problem you have at this moment.

人生の状況のことは忘れて、

あなたの**人生**そのものに注意を払いなさい。

人生の状況は時間の中にあります。

人生は今だけにあります。

人生の状況は頭の中のガラクタです。

あなたの人生が本物です。

Forget about your life situation and pay attention to your *life*.
Your life situation exists in time. Your life is now.
Your life situation is mind-stuff. *Your life is real.*

マインドの無意識な癖を解きほぐすのは、
沈黙と、深く今に存在することです。
マインドの癖は、
しばらくは活動するかもしれませんが、
もはやあなたの人生を支配することはありません。

It is a silent but intense presence that dissolves
the unconscious patterns of the mind.
They may still remain active for a while,
but they won't run your life anymore.

「今ここ」の存在そのものになるために、
あなたが理解しなければならないことは、
何一つありません。

There is nothing that you need to understand
before you can become present.

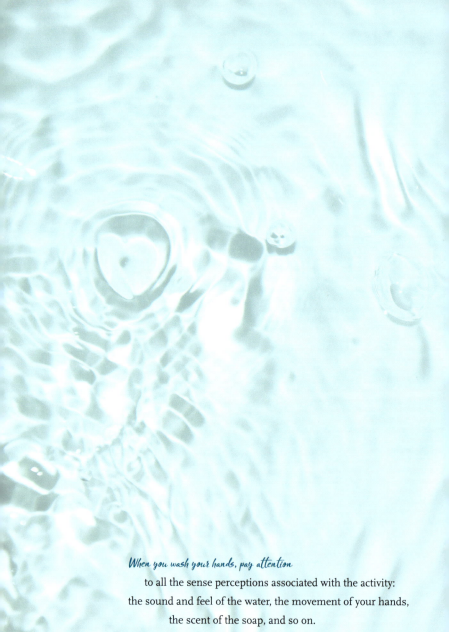

When you wash your hands, pay attention to all the sense perceptions associated with the activity: the sound and feel of the water, the movement of your hands, the scent of the soap, and so on.

手を洗うときは、その行動によっておこる
すべての感覚に注意を払いなさい。
水の音と水の感覚、
手の動き、石けんの香りなどです。

何一つ過去に起こってはいません。

それは「今」起こったのです。

何一つ未来には起こりません。

それは「今」起こるのです。

Nothing ever happened in the past; it happened in the Now.
Nothing will ever happen in the future;
it will happen in the Now.

意識的に選ぶさとりとは、

過去と未来に対するあなたの執着を捨て、

あなたの人生の焦点を今に向けることです。

Enlightenment consciously chosen means to relinquish

your attachment to past and future and to

make the Now the main focus of your life.

自分の存在の本質がわかっている時、

実際に起きていることは、

本質自体がそれ自身をわかっているということです。

本質がそれ自身をわかっているとき、

それが今ここにあるということなのです。

When you become conscious of Being, what is really

    happening is that Being becomes conscious of itself.

    When Being becomes conscious of itself — *that's presence.*

喜びには原因はありません。
存在の本質が持つ喜びとして、
あなたの内側からわき上がるのです。
それは内なる平和の重要な一部、
神の平和と呼ばれる状態です。
それはあなたの自然な状態であり、
それを手に入れるために努力したり、
もがいたりする必要はありません。

Joy is uncaused and arises from within as the joy of Being.
It is an essential part of the inner state of peace,
the state that has been called the peace of God.
It is your natural state, not something that you need
to work hard for or struggle to attain.

身体を意識することは、

あなたを今ここに居させてくれます。

それはあなたを、「今」につなぎ止めます。

Body awareness

keeps you present. It anchors you in the Now.

Since all worlds are interconnected,
    when collective human consciousness becomes transformed,
nature and the animal kingdom will reflect that transformation.

すべての世界はお互いにつながっています。
だから、人間の集合意識が変容すると、
自然と動物の王国はその変容を反映します。

このことは、現実が完全に今とは違う
世界になる可能性を示唆しています。

This points to the possibility of a completely different order of reality.

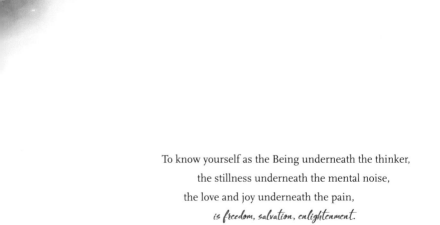

To know yourself as the Being underneath the thinker,
the stillness underneath the mental noise,
the love and joy underneath the pain,
is freedom, salvation, enlightenment.

自分は、思考の下に隠された
魂の存在であること、
うるさいマインドの騒音の下に隠された
静寂であること、
痛みの下に隠された愛と
喜びであることを知ることが、
自由であり、救済であり、さとりなのです。

今ここにいるとき、時間はありません。
時間がないとき、
苦しみも否定的な考えも生き残れません。

Presence removes time.

Without time, no suffering, no negativity, can survive.

訓練することによって、

静寂と平和の感覚は深まります。

実は、その深さには終わりがありません。

また、あなたは内なる深みから

ほのかな喜びが放射されるのを感じるでしょう。

それこそが、

あなたの存在の本質が持つ喜びなのです。

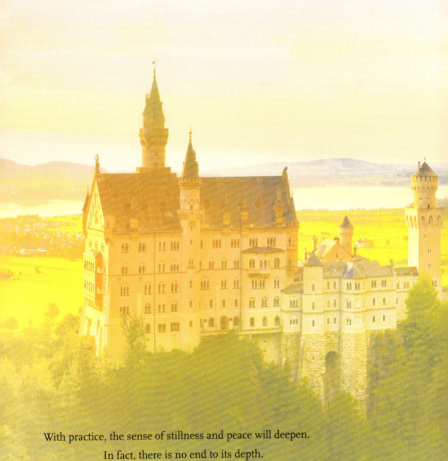

With practice, the sense of stillness and peace will deepen.

In fact, there is no end to its depth.

You will also feel a subtle emanation of

joy arising from deep within: the joy of Being.

That stillness and vastness that enables the universe to *be*…is also within you. When you are utterly and totally present, you encounter it as the still inner space of no-mind.

ありのままの宇宙の存在を可能にする
その静寂と広大さは、あなたの内にもあります。
あなたが深く完全に今ここにいるとき、
思考のない内なる無のスペースとしてのそれに、
あなたは出会います。

今この瞬間にいること以外に、
救済へと近づくために**あなたにできることは、
何一つありません。**
すべての価値あるものは
未来にあるという思考に慣れたマインドにとって、
これはとても理解しがたいことでしょう。

There is nothing you can ever do or attain
that will get you closer to salvation than it is at this moment.
This may be hard to grasp for a mind accustomed to
thinking that everything worthwhile is in the future.

あなたが今のあるがままを完全に受け容れると、

その時、

あなたの人生のすべてのドラマが終了します。

When you live in complete acceptance of what *is*,
that is the *end of all drama in your life.*

この空間にある物に注意を向けるのをやめると、
マインドの中にある物からも
自動的に注意がそれます。別の言葉で言えば、
あなたは空間、または沈黙を意識しながら、
それと同時に思考することはできないのです。

If you withdraw attention from *things* — objects in space — you automatically withdraw attention from your mind objects as well. In other words: You cannot think and *be aware of space — or of silence.*

Love is a state of Being. Your love is not outside; it is deep within you. You can never lose it, and it cannot leave you. It is not dependent on some other body, some external form.

愛とは今ここにある状態です。

あなたの愛は外側にはありません。

それはあなたの内側の深いところにあります。

あなたが愛を失うことも、

愛があなたを見捨てることもありません。

それは他の肉体にも、

何か外側の形にも依存するものではないのです。

あなたの平和は非常に大きく、

そして深いので、

平和でないものすべては、

一度も存在しなかったかのように、

その中に消えてしまいます。

Your peace is so vast and deep that anything that is not peace disappears into it as if it had never existed.

あなたと出会う人は皆、あなたの存在に触れて
あなたが放射する平和に感化されます。
彼らがそれに気づいても気づかなくても、
それは起こります。

Everybody you come in contact with will be touched by your
presence and affected by the peace that you emanate,
whether they are conscious of it or not.

訳者あとがき

　今、時代は加速度的に進化しています。そして人類が到達する先には一体、何が待ち受けているのでしょうか？　人類の消滅か、それともこの地上に愛と平和が広がる天国がやってくるのでしょうか？　今まさに、その最終的な分かれ道に来ているのではないでしょうか？

　愛と平和の世界を望むのであれば、私たちはどうすればよいのでしょうか？　地球を救うために何が出来るのでしょうか？

　愛と平和の天国を創るためには、私たち人類が集団的に覚醒して、『本当の自分とは誰か、自分が何ものかを知る』ことが必要です。そして実際に多くの人たちが本当の自分に目覚め始めています。

　地球を救い、愛と平和の世界を創るためのこの大切な教えを伝える教師は世界中にたくさんいます。エックハルト・トールはそのすばらしい先生のひとりです。

　本当の自分自身を知る方法はいろいろありますが、エックハルト・トールが私たちに伝えているのは『今に生きること』、つまり今ここにある大きなパワー（パワーオブナウ）を見つけ、そのパワーにつながるという方法です。

　そして今ここにあるそのパワーにつながることこそが、まさに『さとり』であり、真の自分自身に戻ることなのです。

　この世にはたった一つの存在しかありません。この存在は生まれることもなく、滅びることもありません。そして今ここにだけ存在します。それは多くの人たちが『神』と呼んでいる『大いなる存在』です。大いなるもの、根源、宇宙、神など、呼び名は何でも良いのです。

　人間の本質はこの『大いなる存在』とおなじものです。

　スピリチュアルの本当の意味は『自分自身を知ること』です。人間の最も深いところに『本当の自分』として存在している『神』こそが本当の自分だと知った時、私たちに「目覚め」が起こります。

　エックハルト・トールが教えてくれていることは、私たちが完全に『今』に集中した時、『自分と大いなる存在は一つである』と感じられるようになる、ということです。

それが今に生きることなのです。今の自分を感覚的に感じることです。これは思考で理解することではなくて、『大いなる存在が自分と共にある』という感覚を保ち続けるということです。

　私たちが頭の中であれこれ考えている時、私たちは過去と未来に囚われています。今にいません。思考から抜け出した時、私たちは今にいることができます。

　そして、『今あること』が持つパワーを手に入れ、『自分はすべてと一つである』と知ることができるのです。

　すると、すばらしいものがやって来ます。「美しさ」「愛」「喜び」「創造性」、そして「心の平安」が生まれます。そしてこれらは本来の私たちが持っている資質そのものなのです。

　今にいる時、本来の自分を取り戻した時、私たちはまわりがどんな状態であっても、愛と平和の中にいる感覚を持って生きられるようになります。本来の自分自身は愛と平和そのものだからです。

　この小さな写真集には、エックハルト・トールの『ザ・パワー・オブ・ナウ』（邦題は『さとりをひらくと人生はシンプルで楽になる』）の中から、今に生きることの大切さを語っている文章を選んで載せています。今回は新たに原文から翻訳しました。まだ『ザ・パワー・オブ・ナウ』を読んでいないけれど、この本を読んで「すばらしい」と思った方は、ぜひ、原本を読んでください。きっと役に立ちます。

　エックハルト・トールの本に関わることが出来て、私たちはとても幸せに感じています。この美しい本の中の言葉をゆっくりとかみしめ、ハートで感じてください。本書が今とつながる一つの道具になることを祈っています。

　エックハルト・トールに、この本の出版に尽力してくださった徳間書店の橋上祐一さんに、そして私たちを導いてくださった見えない力に感謝します。

　2019年秋

山川紘矢・山川亜希子

［著者紹介］

エックハルト・トール（Eckhart Tolle）

世界的に有名なスピリチュアル教師であるエックハルト・トールは、個別の宗教、教義、グルを超越したシンプルな智慧を伝えている。彼のベストセラー、『ザ・パワー・オブ・ナウ』（邦題『さとりをひらくと人生はシンプルで楽になる』）は魂の成長のための分野で現代の古典となっている。そのほか、『ニュー・アース』『スティルネス・スピークス』（邦題『世界でいちばん古くて大切なスピリチュアルの教え』）などの著書がある。
カナダのバンクーバー在住。彼の著書、講演会、CDやDVDの情報については、下記のサイトをご覧ください。
ホームページ：eckharttolle.com/

THE POWER OF NOW JOURNAL
by Eckhart Tolle
Copyright © 2019 by Eckhart Tolle
Images used under license from Shutterstock.com.
First published in the United States of America by New World Library,
Japanese translation published by arrangement with New World Library,
a division of Whatever Publishing Inc. through The English Agency (Japan) Ltd.

［訳者紹介］

山川紘矢（やまかわ こうや）
山川亜希子（やまかわ あきこ）
作家。翻訳家。紘矢氏は東京大学法学部卒業後、大蔵省
に勤務。亜希子氏は東京大学経済学部卒業後、外資系企
業に勤務。1986年に出版されたシャーリー・マクレーン著
『アウト・オン・ア・リム』（地湧社）の翻訳を夫婦で手が
け翻訳家の道へ。以来、『アルケミスト』『聖なる予言』
（いずれも角川文庫）など、翻訳する書籍が次々とベストセ
ラーになる。また『輪廻転生を信じると人生が変わる』『人
生は奇跡の連続！』（いずれも角川文庫）、『精霊の囁き』
（PHP研究所）、『すべては魂の約束』（BABジャパン）な
ど、単著、共著とも多数。スピリットダンスの主催や講演
会などでも人気を博している。
ホームページ：www2.gol.com/users/angel/

パワーオブナウ
魂が目覚める日々の言葉

第1刷　2019年11月30日

著　者　エックハルト・トール
訳　者　山川紘矢・亜希子
発行者　平野健一
発行所　株式会社徳間書店
　　　　〒141-8202 東京都品川区上大崎 3-1-1
　　　　　　　　目黒セントラルスクエア
　　　　電話 編集（03）5403-4344／販売（049）293-5521
　　　　振替 00140-0-44392

装　幀　三瓶可南子
　　　　櫻井 浩（⑥Design）

印刷・製本　大日本印刷（株）

本書の無断複写は著作権法上での例外を除き禁じられています。
購入者以外の第三者による本書のいかなる電子複製も一切認められておりません。

乱丁・落丁はおとりかえ致します。
© 2019 YAMAKAWA Koya, YAMAKAWA Akiko, Printed in Japan
ISBN978-4-19-864988-3

エックハルト・トールの本

『さとりをひらくと人生はシンプルで楽になる』
（原著タイトル：The Power of Now）
エックハルト・トール・著
あさりみちこ・訳　飯田史彦・監修

『人生が楽になる　超シンプルなさとり方』（文庫）
（原著タイトル：Practicing the Power of Now：Essential Teachings,
Meditations, and Exercises From The Power of Now）
エックハルト・トール・著
飯田史彦・責任翻訳

エックハルト・トールの本

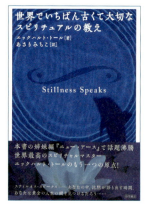

『世界でいちばん古くて大切なスピリチュアルの教え』
（原著タイトル：Stillness Speaks）
エックハルト・トール・著　あさりみちこ・訳

『エックハルト・トールの「子育て」の魔法
　　──あなたが気づけば、子どもは変わる！』
エックハルト・トール・監修
スーザン・スティフェルマン・著　町井みゆき・訳